INTRODUÇÃO

CURA INTERIOR: UM CAMINHO FEITO NA VIDA DA IGREJA

A fé é dom e escolha! Deus, por diversos meios e diversas circunstâncias, chama a humanidade para encontrá-lo e conhecê-lo. Aquele, que nos criou por amor, não desiste de nos levar à máxima potência do que podemos ser, porque quer dar-nos a vida em plenitude, prometida por seu Filho Jesus (Jo 10,10). Cada um de nós tem uma história no que diz respeito à fé, e, independentemente do momento que estejamos vivendo, ou ainda da fase de nosso processo de conversão, Deus se faz presente, até nos acontecimentos mais difíceis de nossa vida! Ele nos quer felizes, bem-aventurados:

> Dotada de uma alma espiritual e imortal, a pessoa humana é a única criatura sobre a terra querida por Deus por si mesma. Desde que é concebida, é destinada para a bem-aventurança eterna (CIC 1703).

Para enfrentar e vencer cada fase da vida, temos o auxílio da graça de Deus, a nos cuidar e assegurar o necessário, de forma que nosso caminho torna-se semelhante àquele que o salmista vislumbra: "Ainda que eu ande pelo vale da sombra da morte, nada temerei, pois o Senhor está comigo!" (Sl 22,4). Esse auxílio se dá, especialmente, com dons e graças santificantes, isto é, que santificam, que sanam, que curam nosso coração e nosso ser inteiro. Nos Evangelhos vemos, por diversas vezes, Jesus curando, levantando física e espiritualmente quem se encontrava com Ele e perdoando-lhe! Não havia, e cremos que não há, quem se encontre com Jesus e continue da mesma forma. Sua presença faz tudo diferente!

Acreditamos que Jesus continua curando-nos de todas as nossas enfermidades, físicas, psíquicas ou espirituais. Entendemos que quanto mais conhecemos a nós mesmos, pelas oportunidades que temos de amadurecer, pela ajuda dos irmãos de comunidade, pelo conhecimento adquirido ao longo da vida, ou ainda pelo conhecimento das ciências humanas, como a psicologia, temos mais capacidade de dar passos concretos para a cura de nosso interior e, consequentemente, de nosso ser inteiro.

Jesus opera milagres por compaixão, porque ama o povo. Realiza milagres também para ajudá-lo a crer. Realiza curas, para anunciar que Deus é o Deus da vida e que, ao final, com a morte, também a enfermidade será vencida e "já não haverá luto nem pranto" (cf. Ap 21,1-5). O poder e o amor de Jesus podem nos libertar. Ele pode retirar nossos "bloqueios", pois é sua missão messiânica (Mt 11,3-5). Ele é o mesmo de ontem, hoje e sempre: cura e liberta hoje! Você crê?

Jesus não só cura, mas ainda ordena a seus apóstolos a fazerem o mesmo: "Envio-os a anunciar o Reino de Deus e a curar os enfermos" (Lc 9,2); "Pregai que o reino dos céus está próximo. Curai os enfermos" (Mt 10,7-8). Em muitos momentos, encontramos as duas coisas juntas: pregar o Evangelho e curar os enfermos. E a Igreja, fiel a sua missão apostólica, continua a ser instrumento de cura, por meio dos sacramentos (Penitência, Unção dos Enfermos), como nos ensina o Catecismo da Igreja Católica:

> O Senhor Jesus Cristo, médico de nossas almas e de nossos corpos, que perdoou os pecados ao paralítico e lhe restituiu a saú-

de do corpo (cf. Mc 2,1-12), quis que sua Igreja continuasse, com a força do Espírito Santo, sua obra de cura e de salvação, mesmo para com seus próprios membros É essa a finalidade dos dois sacramentos de cura: o sacramento da Penitência e o da Unção dos enfermos (CIC 1421).

E ainda vale ressaltar um ensinamento do Frei Raniero Cantalamessa, pregador da Casa Pontifícia, em janeiro de 2005: "O homem tem dois meios para tentar superar suas enfermidades: a natureza e a graça. Natureza indica a inteligência, a ciência, a medicina, a técnica; graça indica o recurso direto a Deus, *por meio da fé, da oração e dos sacramentos*. Esses últimos são os meios que a Igreja tem à disposição para 'curar os enfermos'". Sendo assim, temos os sacramentos, a oração e a fé como caminhos para a cura de nossas enfermidades, sejam elas da alma ou do corpo, até porque sabemos que muitas enfermidades físicas estão ligadas a nossas emoções ou a nossa espiritualidade mal vivida.

Nosso foco, neste momento, é a cura interior. Entendemos que a cura interior é prioritariamente a libertação do pecado, mas abrange também outros aspectos: a aceitação de nossa história de vida, especialmente de momentos traumáticos e dolorosos; o perdão de toda e qualquer mágoa que possa nos afligir; a reconciliação com pessoas do presente e do passado, e tantas outras coisas que estão em nosso interior[1].

Como já dissemos, dentre os diversos caminhos espirituais para nossa cura interior, temos o Sacramento da Penitência (Confissão), que é chamado de sacramento de cura; temos ainda a leitura orante da Pala-

---

[1] Falamos de forma mais profunda sobre os conceitos de cura interior em nosso livro *Um coração bem cuidado* (Editora Santuário, 2019). Aqui queremos tratar de atitudes práticas para um caminho de restauração interior.

vra de Deus e a oração uns pelos outros. Na verdade, uma vida sacramental é essencial para o bem-estar da alma, que quer estar inteiramente em Deus e quer ser feliz de verdade! Ainda é preciso dizer que há um valor imenso na oração em comunidade para nos ajudar em um processo de cura de nosso coração, mas vale também nos apropriarmos de tantos caminhos propostos pela Igreja, que, em seu imenso tesouro de riqueza espiritual, nos permitem orar também sozinhos ou em pequenos grupos.

Há pessoas especialmente dotadas de dons de oração e aconselhamento para auxiliar em processos de caminhada interior, padres capacitados para fazer a direção espiritual, confessores experientes em processos mais delicados ou difíceis de enfrentar, religiosos e religiosas especialmente habilitados para acompanhar pessoas em um caminho de aprofundamento espiritual, leigos engajados na vida da Igreja, capazes de ajudar no caminho espiritual. É uma dádiva poder contar com essa ajuda, mas ela não substitui o caminho que se faz caminhando de forma pessoal, com o protagonismo do caminhante. A ajuda fraterna é apenas um direcionamento ao caminho interior, que somos chamados a fazer no decorrer da vida, dando passos independentes e livres rumo à vontade de Deus! É claro que todos podemos também pedir por cura interior e rezar uns pelos outros. Toda pessoa batizada está em condições de intercessão. Os pais podem e devem pedir a cura interior para seus filhos, os filhos para seus pais, e assim por diante, mas isso não anula o fato de podermos contar com pessoas mais experientes para orar e nos ajudar por meio do aconselhamento e da intercessão. E isso se dá, de forma especial, na vida da Igreja, no caminho de fé vivido na comunidade cristã.

Queremos com estes escritos ajudar em um caminho de fortalecimento espiritual, ainda mais atualmente, em que necessitamos tanto de equilíbrio quanto de paz interior! Enfrentar as lutas da vida, como a pandemia do Covid-19, faz-nos olhar mais e mais o quanto precisamos de fé para seguir em frente! Para enfrentar uma enfermidade física, há a necessidade de discernir estratégias adequadas e baseadas na ciência. Analogamente, o caminho a ser percorrido por aquele que quer crescer na fé e quer curar seu interior faz-se com uma boa estratégia, baseada especialmente nos ensinamentos de quem seguimos, que é nosso Mestre e Senhor. E é o próprio Jesus quem ensina:

> E quem não carrega sua cruz e me segue não pode ser meu discípulo.
> Quem de vós, querendo fazer uma construção, antes não se senta para calcular os gastos que são necessários, a fim de ver se tem com que acabá-la? Para que, depois que tiver lançado os alicerces e não puder acabá-la,

todos os que o virem não comecem a zombar dele, dizendo: Este homem principiou a edificar, mas não pôde terminar (Lc 14,27-30).

Nossa intenção com esta proposta é oferecer algumas estratégias de oração para vencer as crises da vida, de forma a crescermos na fé e na graça, em um processo profundo de cura interior e, consequentemente, de conversão! Queremos propor um caminho de oração para a cura interior. Não é um único caminho, nem é o melhor caminho, mas é "um" dos caminhos possíveis. Como é algo estratégico, seja firme! Organize-se para orar em cada trajeto, para rever sua história com amor e simplicidade. Não está sendo passada a você uma receita mágica, mas uma proposta de pequenos passos, inspirados em formas devocionais tradicionais de oração, como novenas e o Santo Terço.

Deus nos abençoe no caminho! E nos cure em cada parte de nossa trajetória! Você está disposto?

Jesus já decidiu nos acompanhar, assumindo nossa humanidade! Vamos com Ele?

Desejo que seu coração continue sendo curado e transformado pela graça poderosa e amorosa do Senhor.

Jesus manso e humilde de coração, fazei o nosso coração semelhante ao vosso! E dai-nos sempre um coração jovem!

O autor

SEMPRE QUE FOR REZAR...

Quando orares...,
entra no teu quarto, fecha a porta
e ora ao teu Pai em segredo... (Mt 6,6)

Sempre que você for viver um momento de oração proposto aqui, reze com todo o seu ser, com todos os seus sentidos: tato, olfato, paladar, visão e audição! Nosso corpo precisa estar em atitude de oração! É claro que você pode orar indo ao trabalho, dirigindo o carro, lavando a louça ou em qualquer tarefa corriqueira, que lhe permita atenção à oração, mas nesta proposta específica, em alguns modelos de oração e ao menos em um momento do dia, é preciso orar com foco e atenção totais para o que se diz e como se diz, e também para ser capaz de ouvir o que Deus diz! Pois isso é certo: Ele sempre nos fala, sempre se comunica!

Então sugiro a você que, quando for rezar as orações propostas, prepare um ambiente de oração e procure uma postura física e uma concentração emocional que lhe ajudem a orar, para que não seja apenas uma leitura da oração, mas, realmente, uma prece que parta de seu coração e uma experiência com o amor de Deus, que quer curar seu interior para que seja feliz e fique fortalecido!

Para aguçar os sentidos da oração, vale aproveitar aquele espaço de sua casa ou de seu quintal, em que tenham plantas, onde possa sentir o vento ou o cheiro da grama, para ser seu ambiente de oração nesta proposta (o ideal é ser o mesmo ambiente todos os dias, para criar uma rotina de cuidado espiritual). Pode ser também aquele pequeno altar de sua casa, com algumas imagens e a Bíblia, que será imprescindível. Se você tiver acesso fácil, sem dúvida, poderá estar em uma igreja, nossa casa de oração, e viver ainda mais esse processo.

Cada um tem um jeito especial de ser, de relaxar ou de focar a atenção. Se seu jeito implica silêncio total, procure maneiras para isso, nem que seja preciso colocar aquele tampão de ouvido para não escutar o latido do cachorro, que está em crise com a tartaruga que saiu de seu cantinho. Se você é daqueles que se sentem bem com uma música suave ao fundo, aproveite seu celular! Coloque-o no modo silencioso, para não ouvir a chegada de mensagens ou alguma ligação, e acesse aquela *playlist* que lhe ajude a rezar (há algumas *playlists* de "instrumental religioso", nas plataformas digitais, que são incríveis; estou usando uma para lhe escrever estas linhas agora!).

Sem dúvida, é preciso ter a Palavra de Deus em suas mãos e um terço. São sinais de nossa fé e nos colocam em maior intimidade com o Senhor!

Sim, eu sei que você pode dizer que ajudaria muito estar retirado, em um mosteiro ou em um convento, para rezar com mais tranquilidade! Cuidado, assim como o hábito não faz o monge, o lugar pode até ajudar, mas não define a qualidade da oração! Reze com a vida! Ore com o que você tem e você é! Reze em seu local familiar, sua Igreja Doméstica! Entre em "seu quarto" (cf. Mt 6,6), em seu interior; é lá que Deus quer estar para curar seu coração! Ele quer levar você para o irmão, para o outro, mas começará por você!

I

NOVENA PARA PEDIR A CURA INTERIOR

ORIENTAÇÕES PARA A NOVENA

Embora tenhamos orações diferenciadas para cada dia, propomos a você que reze realmente como uma novena. Já ouvi alguém dizer: "Padre, eu rezo todas as orações da novena em um dia só, por medo de esquecer...!" Tenha calma e reze com cuidado e atenção, um dia por vez! Mesmo a espera de um dia para o outro tem caráter pedagógico e curativo para nós. É no tempo diário, na rotina comum da vida, que deixamos a graça de Deus agir e nos iluminar em cada acontecimento do dia que se segue.

Quando o médico receita um tratamento, você toma todo o remédio de uma vez para evitar esquecer? Imagino que não, certo? Então tenha paciência, um passo de cada vez! Deus está vendo, hein!

Em cada dia teremos:

1. Sinal da Cruz
2. Oração inicial (para todos os dias)
3. Passagem Bíblica para iluminar
4. Reflexão
5. Oração do dia
6. Oração final (para todos os dias)
7. Sinal da Cruz

ORAÇÃO INICIAL

Senhor Deus de amor e bondade, neste momento me coloco em tua presença com a certeza de que me amas com amor eterno! Quero entregar meu coração em tuas mãos ternas e paternas, com toda a confiança de que tua vontade é sempre o melhor para mim. Que, ao iniciar este momento de oração, meu interior se abra à ação de teu Espírito Santo, que pode curar todas as áreas de minha vida, trazendo a paz e o equilíbrio, que estão abalados com meus pecados, e todas as dores que me marcaram ao longo de minha história. Que a cada passo deste processo de oração, eu consiga crescer no compromisso com minha vida interior, com minha fé e meu batismo, de forma a ser no mundo sinal de tua luz, construtor de teu Reino e discípulo fiel de teu Filho Jesus, meu Senhor e Salvador. Concede, Pai amoroso, que minhas emoções, atitudes, meus sentimentos e pensamentos sejam reorientados para o que tu queres fazer em mim! Como Maria Santíssima, peço-te: "Faça-se em mim tua vontade"! Amém!

ORAÇÃO FINAL

Senhor Deus de amor e bondade, neste momento entrego em tuas mãos os sentimentos e pensamentos que ficaram em meu coração após este passo dado em oração. Todas as lembranças, positivas e negativas, todos os sentimentos, mesmo os que ainda não entendo, coloco em tuas mãos seguras, ternas e paternas! De maneira muito especial, coloco-me em atitude de adoração e gratidão por tudo o que o Senhor realizou em mim neste instante! Ensina-me amar de forma mais profunda e santa, para ser um melhor adorador! Ensina-me adorar de forma mais profunda e santa para ser mais capaz de amar como Jesus, teu Filho, ensinou! Quero amar para adorar e adorar para amar! Bendito sejas, Senhor, meu rochedo e meu amor!

1º DIA
CURA-ME, SENHOR: QUERO UM CORAÇÃO BEM CUIDADO!

1. Sinal da Cruz

2. Oração inicial *(p. 23)*

3. Passagem bíblica para iluminar

"Ele cura os que têm o coração ferido, e cuida-lhes das chagas" (Sl 146,3).

4. Reflexão

"Ter um coração jovem, mesmo aos setenta, oitenta anos! Coração jovem! Com Cristo o coração não envelhece nunca!" (Papa Francisco – Homilia de Domingo de Ramos 24.3.2013 – Dia da Juventude).

Essas frases do papa Francisco têm um profundo sentido para mim, e, com certeza, terão sentido para nós neste momento de oração. Deus é simples, e, muitas vezes, o que precisamos para alcançar a cura de nosso interior é apenas nos abrir a sua graça e pedir com fé! Deus nos fala pelo profeta Isaías: "Aqueles que contam com o Senhor renovam suas forças; ele lhes dá asas de águia, correm sem cansar, vão para a frente sem se fatigar" (Is 40,31). Você está cansado? Comece, então, a contar com o Senhor em sua caminhada; quem conta com o Senhor não se cansa com facilidade e, se cansar, nele descansará! Comece a tomar consciência de que Ele caminha conosco! Em Jesus, Deus assume nossa humanidade para salvá-la! Então, aproveite este momento e venha descansar seu coração no coração de Jesus, deixando que Ele cuide de tudo que há em você, quer você saiba ou não!

5. Oração do dia

Cura-me, Senhor Jesus! Quero ter um coração bem cuidado por ti, bem curado por tuas mãos! Tu conheces tudo o que trago em mim e todo o cansaço que sinto por tentar lutar sozinho tantas vezes! Entrego-me sem reservas; até dos lugares mais escondidos de meu ser, que eu possa ter medo de reencontrar, peço que cuides e os sares com teu amor! Peço também que, diante de tantas situações que me trazem medo e insegurança, tua presença possa me fortalecer e sustentar com esperança e paz! Sei que, muitas vezes, me deparei com momentos difíceis, que machucaram meu coração e me trouxeram traumas, angústia, depressão, tristeza, solidão, até mesmo pânico, desespero ou desânimo. Perdoa-me se, em algum momento, cheguei a desistir de viver diante do sofrimento e da dor! Por isso peço, hoje, ao iniciar esta novena, a graça de ter um coração bem cuidado por ti, curado por tuas mãos benditas e amparado pela força de teu Espírito. Sei que cada vez que reconhecer que o Senhor cuidas de mim se fortalecerão em meu coração a esperança e a alegria de viver! Obrigado por teu amor fiel e constante! Amém!

– *Reze, agora, com a mão em seu peito, pedindo a cura de seu interior:*

1 Pai-nosso... 3 Ave-Marias... Glória ao Pai...

Jesus manso e humilde de coração, fazei o nosso coração semelhante ao vosso! E dai-nos sempre um coração jovem!

6. Oração final *(p. 25)*

7. Sinal da Cruz

2º DIA
PERDÃO: CAMINHO ESSENCIAL PARA A CURA

1. Sinal da Cruz

2. Oração inicial *(p. 23)*

3. Passagem bíblica para iluminar

"Então, Pedro se aproximou dele e disse: 'Senhor, quantas vezes devo perdoar a meu irmão, quando ele pecar contra mim? Até sete vezes?' Respondeu Jesus: 'Não te digo até sete vezes, mas até setenta vezes sete'" (Mt 18,21-22).

4. Reflexão

Perdoar é uma decisão! Temos a tentação de colocar a responsabilidade de perdoar em quem nos ofendeu: se ele pedir perdão, se ele se arrepender, se ele vier falar comigo, se ele mudar de atitude... e tantos outros “se” e condicionantes, para que a pessoa que nos ofendeu mereça nosso perdão. Nem vou falar aqui de merecimento, pois é um outro assunto, mas de autonomia para perdoar. Enquanto ficarmos colocando condições que dependam do outro, perderemos um tempo precioso de liberdade e, ainda mais, daremos a quem nos fez sofrer o domínio sobre a continuidade de nosso sofrimento, isto é: se não tomar as atitudes que esperamos, continuaremos magoados e, se morrer, sem fazer nada para demonstrar arrependimento, ficaremos só nós com nossas mágoas. Será que é inteligente agir assim? Creio que não! Decida-se pelo perdão... Mesmo que você considere que o outro não mereça ser perdoado, espero que concorde que você merece estar livre da mágoa. E, ao decidir-se pelo perdão, com o tempo e a graça de Deus, você entenderá que ele sempre é o melhor caminho. Talvez, não restaure um relacionamento humano, mas, com certeza, o perdão restaura nosso relacionamento com Deus!

5. Oração do dia

Senhor Jesus, ajuda-me a perdoar! Dá-me hoje um coração capaz de reconhecer meus erros, pedir perdão quando necessário e faz-me capaz de compreender meus irmãos e perdoar-lhes sempre! Ajuda-me, Senhor, a fazer o que está a meu alcance para perdoar a meu próximo, especialmente àqueles que mais me ofenderam. Cura meu coração das mágoas que estão em mim e que não há nada que eu possa fazer para sará-las: das mágoas de pessoas que já estão na pátria celeste, das mágoas de pessoas com as quais não tenho mais contato, das feridas causadas por atitudes e palavras que me maltrataram e ofenderam e que permanecem em minha lembrança. Cura, Senhor, meu coração! Envolve-me com teu perdão, de maneira tão profunda que só haja em mim capacidade e vontade de perdoar e amar também! Amém!

– *Escreva em um papel os nomes de todas as pessoas que vierem a sua lembrança e que o ofenderam ou feriram. Reze, agora, com a mão sobre este papel, pedindo a cura de seu interior:*

1 Pai-nosso... 3 Ave-Marias... Glória ao Pai...

Jesus manso e humilde de coração, fazei o nosso coração semelhante ao vosso! E dai-nos sempre um coração jovem!

Obs.: Após a Oração final, rasgue esse papel ou queime, como forma visível de um passo de perdão! É claro que queimar um papel não significa que já perdoou e tudo está resolvido. Cada um vive esse processo de uma forma, mas, com toda a certeza, é um passo importante decidir-se pelo perdão, e, muitas vezes, é o único passo necessário! "O querer é seu, o poder é de Deus!" Se achar melhor, coloque apenas as iniciais de cada nome e deixe em sua Bíblia, para ir rezando por mais tempo nessas intenções de perdão!

6. Oração final *(p. 25)*

7. Sinal da Cruz

3º DIA
RECONCILIAÇÃO COM MINHA HISTÓRIA FAMILIAR

1. Sinal da Cruz

2. Oração inicial *(p. 23)*

3. Passagem bíblica para iluminar

"Filhos, obedecei a vossos pais, segundo o Senhor; porque isso é justo. O primeiro mandamento acompanhado de uma promessa é: honra teu pai e tua mãe, para que sejas feliz e tenhas longa vida sobre a terra (Dt 5,16)" (Ef 6,1-3).

4. Reflexão

Cada um de nós tem uma história de vida, uma dinâmica familiar, um modo de viver a vida em família. Não existe família perfeita, por isso, todos nós, de alguma forma, temos marcas negativas em nossa história familiar que precisam de cura interior, de um novo olhar ou, ainda, de algo que o padre Alírio Pedrini chama de "amorização", isto é, colocar amor, amorizar nossa história onde faltou amor! Dentre os diversos caminhos para nos ajudar na reconciliação com nossa história familiar, com pai, mãe, irmãos, parentes mais próximos, acontecimentos dolorosos e marcantes, como perdas, separações, enfrentamento de vícios, está a capacidade de aceitar nossa própria história! Até os momentos mais dolorosos de nossa vida fazem-nos ser quem somos! E o Senhor nos fez de modo maravilhoso (Sl 138)! Peça ao Senhor esta graça: aceitar sua história e reconhecer que tudo pode ser aproveitado para o bem e usado em seu processo de conversão! Talvez, a postura de gratidão, diante de sua história passada, seja o que falta para reconhecer os motivos de louvor que você tem em seu presente e para semear e garantir muitos outros motivos de gratidão em seu futuro! Em vez de dizer: "Minha história é muito triste, sofri muito na vida!", que tal passar a dizer: "Minha história é linda, cheia de cicatrizes e marcas, que me fizeram chegar onde estou hoje e ser muito mais forte do que imaginei? Realmente: Deus me ama como sou!"

5. Oração do dia

Senhor Jesus, cura meu modo de olhar minha história de vida! Faz-me olhar, com gratidão e aceitação, tudo em minha história, mesmo os momentos difíceis e dolorosos! Alguns desses momentos, Senhor, eu preferi esquecer, de tão sofridos que foram, mas, hoje, quero colocá-los em tuas seguras mãos! Sei que, em todas as circunstâncias, o Senhor me sustentou, e hoje reafirmo a certeza de que nunca estive sozinho nos momentos de dor. Reconcilia-me, Senhor, com minha história, pois, só aceitando e amando quem sou e de onde vim, serei capaz de decidir onde quero estar e quem quero ser, com o auxílio de tua graça! Ajuda-me a olhar com serenidade todos os momentos que fazem parte de minha história e, em tudo, amar mais e melhor a cruz de cada dia! Obrigado por me teres feito de modo tão maravilhoso e por cuidares de mim em todo o tempo!

– Traga na memória os momentos mais difíceis de sua vida familiar e imagine Jesus com você em todos eles, colocando suas mãos sagradas e chagadas, para curar sua história. Você foi criado à imagem e semelhança de Deus, então, reze olhando para suas mãos, que trazem as marcas de sua história, pedindo a cura de seu interior:

1 Pai-nosso... 3 Ave-Marias... Glória ao Pai...

Jesus manso e humilde de coração, fazei o nosso coração semelhante ao vosso! E dai-nos sempre um coração jovem!

6. Oração final *(p. 25)*

7. Sinal da Cruz

4º DIA
CURA DA AFETIVIDADE E DOS RELACIONAMENTOS

1. Sinal da Cruz

2. Oração inicial *(p. 23)*

3. Passagem bíblica para iluminar

"Oh, como é bom, como é agradável para irmãos unidos viverem juntos. É como um óleo suave derramado sobre a fronte, e que desce para a barba, a barba de Aarão, para correr em seguida até a orla de seu manto. É como o orvalho do Hermon, que desce pela colina de Sião; pois ali derrama o Senhor a vida e uma bênção eterna" (Sl 132,1-3).

4. Reflexão

No decorrer de nossa vida, encontramos diversos níveis e ritmos de relacionamentos, alguns passam por nossa história em fases diferentes e seguem suas trilhas, outros seguem conosco pelos diversos caminhos da vida! Nossa personalidade, já com pontos característicos, vai sendo moldada, em sua expressão, pelos relacionamentos, que vão nos marcando, ora de forma positiva, ora de forma negativa e triste. Esses momentos em nosso percurso podem ferir o modo de vivermos nossa afetividade e de mantermos ou não nossos relacionamentos. Jesus sempre conviveu em comunhão com os seus, mas sem depender deles. Como você vive hoje seus relacionamentos? Acha que relacionamentos antigos, mal vividos, influenciam ainda hoje? Talvez você se isole por medo de se decepcionar? Não temos como, aqui, ajudá-lo a resolver todos os problemas, e, talvez, seja necessário o auxílio de um psicólogo ou terapeuta para auxiliá-lo a lidar com as dificuldades na afetividade e nos relacionamentos, mas uma coisa é certa: iluminá-los com a Palavra de Deus e a oração é possível agora. E, onde há luz, a treva se dissipa! Vamos colocar luz sobre nossa afetividade e nossos relacionamentos? Não será uma luz qualquer! É o próprio Jesus, nossa luz eterna, que ilumina, aquece e cura!

5. Oração do dia

Amado Jesus, quero hoje entregar, em tuas mãos sagradas e chagadas, minha afetividade, meus relacionamentos, minhas dores e angústias e, especialmente, meu modo de amar a mim mesmo. Cura minha autoestima, minha debilidade de, muitas vezes, não viver o amor-próprio e o respeito a mim mesmo. Ajuda-me, Senhor, a ter relacionamentos sadios e a enxergar os relacionamentos nocivos, que me causam medo e tristeza. Cura as feridas de minha alma, especialmente aquelas causadas pela rejeição e humilhação. Ajuda-me a tomar decisões seguras e confiantes, de forma a nunca precisar ter alguém para me sentir bem, e assim me libertar de relacionamentos que me escravizam pelo ciúme, pela ameaça e pelo medo! Tua graça me basta, Senhor! Ajuda-me a reconhecer isso! Tu és meu único necessário! Em ti, tenho tudo de que preciso! Cura minha afetividade e meus relacionamentos! Bendito sejas tu, Senhor!

– *Se tiver uma imagem de Jesus Bom Pastor, imagine-se como aquela ovelha que está em seus ombros! Se não tiver essa imagem em sua casa, apenas lembre-se dessa cena de Jesus com a ovelha nos ombros! Reze, agora, com esta inspiração, pedindo a cura de seu interior:*

1 Pai-nosso... 3 Ave-Marias... Glória ao Pai...

Jesus manso e humilde de coração, fazei o nosso coração semelhante ao vosso! E dai-nos sempre um coração jovem!

6. Oração final *(p. 25)*

7. Sinal da Cruz

5º DIA
CURA DA SEXUALIDADE

1. Sinal da Cruz

2. Oração inicial *(p. 23)*

3. Passagem bíblica para iluminar

"Celebremos, pois, a festa, não com o fermento velho, nem com o fermento da malícia e da corrupção, mas com os pães não fermentados de pureza e de verdade" (1Cor 5,8).

4. Reflexão

Quando falamos de sexualidade, logo nos vem à cabeça o relacionamento sexual propriamente dito. Esquecemos que a sexualidade é mais do que a genitalidade e que os celibatários também precisam viver uma sexualidade sadia, isto é, todos temos, como parte integrante de nossa existência, o contexto da sexualidade. Em um tempo em que esse é um assunto banal, talvez achemos que não há nada a ser curado ou orado nesse sentido. Sim, sempre haverá! Existem marcas negativas da vivência equivocada ou inadequada da sexualidade como um todo, no modo de falar, no modo de agir, no modo de compreender e de viver a sexualidade, que podem ferir nossa alma e dificultar nossa felicidade, além de colocar obstáculos em nosso relacionamento com Deus! Por outro lado, precisamos curar, em nosso coração, o preconceito que o mundo nos faz ter quanto ao valor da pureza! Sim, parece que buscar a pureza no falar, no agir, nos relacionamentos é quase uma atitude de repressão dos instintos e sentimentos! Mas é contraditório achar que se deixar dominar pelos sentimentos e instintos seja uma forma de liberdade. A verdadeira liberdade está em ser capaz de dominar-se, de ter autodomínio e de agir com o consentimento coerente com uma alma e um coração pautados em Deus!

5. Oração

Jesus, quero hoje te entregar meu ser inteiro, tudo que tenho e sou! Quero colocar sob teus cuidados minha sexualidade, como obra de tuas mãos e como algo sagrado, dado por ti! Cura, em meu coração, todas as lembranças negativas causadas por todo e qualquer tipo de experiência negativa na área de minha sexualidade, sejam elas relacionadas a descasos e atitudes impensadas ou imaturas minhas, sejam por ignorância, sejam por uma escolha errada. Sei que tudo pode ser curado por tuas mãos sagradas e chagadas e por teu olhar misericordioso e amoroso! Cura, Senhor Jesus, qualquer marca ou trauma causados por experiências negativas de abuso ou invasão de minha liberdade ou intimidade, em qualquer fase de minha vida, desde a infância até os relacionamentos atuais, inclusive no casamento, quando me senti usado(a) ou pressionado(a). Cuida, Senhor, com teu amor curador, de todas as feridas em minha sexualidade integral, quando, por palavras ou pensamentos, por vícios ou sentimentos, ofendi teu Coração Sagrado e meu corpo, que é tua morada! Cura, Senhor Jesus, todos os sentimentos de rejeição e de humilhação vividos nesse contexto da sexualidade! Peço, enfim, que me dês a graça de me olhar como o Senhor me olhas, com a pureza e a verdade que há em mim! Quero crescer na graça e no conhecimento de tua santa vontade e purificar meu coração cada vez mais! Obrigado por me amares e curares minha história em todas as áreas!

– *Coloque-se diante de uma Imagem de Nossa Senhora Aparecida, a Imaculada Con-*

ceição, e peça-lhe a graça da pureza! Reze, agora, com esta inspiração, pedindo a cura de seu interior:

1 Pai-nosso... 3 Ave-Marias... Glória ao Pai...

Jesus manso e humilde de coração, fazei o nosso coração semelhante ao vosso! E dai-nos sempre um coração jovem!

6. Oração final *(p. 25)*

7. Sinal da Cruz

6º DIA
CURA DAS MARCAS MAIS PROFUNDAS E DAS LEMBRANÇAS DOLOROSAS

(Luto, separações, perdas, enfermidades)

1. Sinal da Cruz

2. Oração inicial *(p. 23)*

3. Passagem bíblica para iluminar

"Lembrai-vos dos dias de outrora, logo que fostes iluminados. Quão longas e dolorosas lutas sustentastes. Não percais a convicção a que está vinculada uma grande recompensa, pois vos é necessária a perseverança para fazerdes a vontade de Deus e alcançardes os bens prometidos. Ainda um pouco de tempo – sem dúvida, bem pouco –, e o que há de vir virá e não tardará. Meu justo viverá da fé!" (Hb 10,32-38).

4. Reflexão

Alguns acontecimentos marcam especialmente nossa história! As grandes conquistas, os sonhos realizados, momentos de grande alegria e comemorações especiais! Mas, infelizmente, somos tentados a olhar nossa vida sob a perspectiva dos marcos mais tristes de nossa história. Nem é para menos. Grandes tragédias, perdas inesperadas, separações dolorosas, enfermidades agressivas ou que se delongam demais nos desestruturam totalmente e passamos a ter um antes e depois daquele dia ou daquele tempo! Não podemos apagar a lembrança dolorosa, mas podemos colocá-la sob o olhar do Cristo, pela graça do Espírito Santo, deixar que Ele nos ajude a olhar, de forma mais cristã, para todas as ocasiões de nossa trajetória e ser capazes de confiar nas promessas de Deus e em sua Palavra! Sim, o justo vive da fé, de esperança em esperança até ela mesma se concretizar de forma plena na pátria definitiva, que é o Céu – nosso objetivo e nosso prêmio! Até de um mal aparente Deus pode nos conceder um bem eterno! É o próprio Jesus quem nos diz: "No mundo tereis tribulações... Coragem! Eu venci o mundo! (cf. Jo 16,33) Peçamos ao Senhor a cura de nosso coração, de todas as lembranças mais dolorosas. Não vamos esquecê-las, mas vamos superá-las e vencê-las com Ele, que tudo venceu por nós!

5. Oração do dia

Senhor Jesus, que caminhaste entre nós, abençoando nossa terra e dando sentido a nossa vida, vem caminhar conosco! Olha nossa história e cura nossas lembranças mais dolorosas! Cura em nós, Jesus, as feridas do luto mal vivido e mal aceito, ajudando-nos a enfrentar com muita fé os momentos de perda que vivemos, especialmente aqueles causados por tragédias, acontecimentos inesperados, situações de violência, enfermidades prolongadas ou agressivas! Ajuda-nos, Senhor, a reafirmar nossa fé na eternidade, para a qual fomos criados, e a seguir firmemente no tempo presente em vista das realidades futuras! Cura, Senhor Jesus, nosso amado Salvador, todas as lembranças tristes causadas por situações de violência, separações dolorosas, grandes traições e decepções! Concede, Senhor, que, quando essas lembranças chegarem novamente a nossa mente, possamos nos lembrar primeiro de tua força, que nos sustentou, e não da dor que sentimos! Obrigado, Senhor, por nos sustentar em todos os momentos difíceis! A ti todo o louvor e toda a ação de graças por nos amar com tão grande amor, que cura as feridas e acalma as tempestades de nossa vida!

– Coloque-se diante de um crucifixo e lembre-se de que Jesus morreu por mim e por você! E que seu amor salvador é maior que tudo! Abrace Jesus, abrace a cruz, abrace a vitória! Reze, agora, com esta inspiração, pedindo a cura de seu interior:

1 Pai-nosso... 3 Ave-Marias... Glória ao Pai...

Jesus manso e humilde de coração, fazei o nosso coração semelhante ao vosso! E dai-nos sempre um coração jovem!

6. Oração final *(p. 25)*

7. Sinal da Cruz

7º DIA
LIBERTAÇÃO DE TODO O MAL

1. Sinal da Cruz

2. Oração inicial *(p. 23)*

3. Passagem bíblica para iluminar

“Se, portanto, o Filho vos libertar, sereis verdadeiramente livres” (Jo 8,36).

“Filhinhos, ninguém vos seduza: aquele que pratica a justiça é justo, como também Jesus é justo. Aquele que peca é do demônio, porque o demônio peca desde o princípio. Eis por que o Filho de Deus se manifestou: para destruir as obras do demônio. Todo o que é nascido de Deus não peca, porque o germe divino reside nele; e não pode pecar, porque nasceu de Deus.

É nisso que se conhece quais são os filhos de Deus e quais os do demônio: todo o que não pratica a justiça não é de Deus, como também aquele que não ama seu irmão. Pois esta é a mensagem que tendes ouvido desde o princípio: que nos amemos uns aos outros" (1Jo 3,7-11).

4. Reflexão

Cristo veio para nos dar plena liberdade! E essa liberdade diz respeito não só a sermos livres do pecado, mas também do mal e do Maligno. Existe uma batalha espiritual sim, como nos ensina São Paulo, em Efésios 6. E temos, hoje, duas linhas de entendimento extremistas, que acabam por nos confundir na luta contra o mal. Se por um lado, há um exagero em culpar o demônio por todo mal e todo erro, como se ele dominasse tudo e todos, por outro há outro risco, que se dá em não reconhecer que exista um inimigo de Deus que nos rodeia, como nos ensina São Pedro: "Sede sóbrios e vigiai. Vosso adversário, o demônio, anda ao redor de vós como o leão que ruge, buscando a quem devorar. Resisti-lhe firmes na fé" (1Pd 5,8-9). Com o devido cuidado, mas também com a devida consciência e fé cristã, devemos estar atentos às ciladas e tentações do inimigo. E Jesus nos ensina que, para vencer o inimigo, precisamos do jejum e da oração. Há quanto tempo você não jejua? Vale lembrar ainda que, quando São João fala do demônio, ele o vincula ao pecado e à falta de obediência ao mandamento do amor! Quando rezamos pedindo a libertação do mal, pedimos que o Senhor nos livre do mal, da tentação, do perigo, como rezamos no Pai-nosso. Não há por que temer o mal, pois Deus é onipotente e fiel, mas há de se cuidar, vigiar e orar, para não cairmos em tentação!

5. Oração do dia

Senhor Jesus Cristo, único Senhor e Salvador, hoje coloco minha vida sob teu senhorio e submeto-me, mais uma vez, inteiramente a ti, como filho amado e como propriedade tua. Unido a ti, peço que me livres de todo o mal e possas me revestir com teu Sangue precioso. Sei que o inimigo procura me tentar e que, muitas vezes, aceitei suas seduções e me afastei de tua vontade. Volto arrependido e peço que realize sempre mais em mim teu querer, ajudando-me a te obedecer e jamais separar-me de ti! Meu frágil coração não pode ficar sozinho, ele precisa de tua força e tua luz a conduzir cada passo em minha vida! Peço-te, Senhor, purifica meu coração e minha história de todas as vezes que me afastei de teus caminhos e me deixei levar por outras veredas que não levavam a ti! Suplico a intercessão de Maria, a Virgem Santíssima, para que me cubra com seu Manto Sagrado e me proteja das ciladas do inimigo! Coloco-me, confiante, em tuas mãos e suplico: Livra-me do mal, ó Senhor! Livra-me também, Senhor, de todas as amarras que me prendem em vícios, pensamentos obsessivos, rancores que me dominam e consomem minhas forças! Quero ser livre em ti, Jesus! Verdadeiramente livre em ti, Jesus! Bendito seja teu nome, hoje e sempre! Amém!

– *Acenda uma vela, como sinal de sua fé, e reze com confiança:*

Creio em Deus Pai...

– *Reze, agora, com a vela ainda acesa, pedindo a libertação de seu interior:*

1 Pai-nosso... 3 Ave-Marias... Glória ao Pai...

Jesus manso e humilde de coração, fazei o nosso coração semelhante ao vosso! E dai-nos sempre um coração jovem!

6. Oração final *(p. 25)*

7. Sinal da Cruz

8º DIA
CURA ESPIRITUAL

1. Sinal da Cruz

2. Oração inicial *(p. 23)*

3. Passagem bíblica para iluminar

"Restaura as forças de minha alma. Pelos caminhos retos ele me leva, por amor de seu nome. Ainda que eu atravesse o vale escuro, nada temerei, pois estais comigo. Vosso bordão e vosso báculo são meu amparo" (Sl 22,3-4).

4. Reflexão

Queremos, neste dia de nossa novena, pedir pela cura espiritual, isto é, a cura de uma vivência equivocada da espiritualidade, baseada em ritualismos, ou ainda, em medo ou culpa! A espiritualidade bem vivida e sadia é aquela que parte de nosso esforço em crescer no conhecimento da história e da doutrina de nossa fé e, primeiramente, parte da iniciativa gratuita de Deus, que vem ao nosso encontro em Jesus; por isso nossa vida espiritual é fundamentada em um encontro pessoal com Jesus Cristo, o Senhor! Mas esse encontro fundante precisa ser alimentado e cuidado para que não perca, pelo contrário, cresça na intimidade com o Senhor em um vínculo de profunda amizade e amor comprometido! O começo é com um encontro e segue por meio do convívio constante! Ele está conosco! Ele é o Emanuel, o Deus conosco em todo o tempo! E a cada passo de intimidade, o Senhor vai edificando nossa vida espiritual, restaurando onde há desestrutura, causada pelo pecado ou pelo comodismo, e, ainda, curando dos desvios e das dúvidas! Há momentos em que não sentimos nada ao rezar, isso é próprio do crescimento e da maturidade espiritual. Nesses casos, às vezes, precisamos de cura espiritual; outras, apenas de paciência. A noite escura da alma nunca durará para sempre! Há ainda momentos em que nossa oração e vivência na vida da Igreja se tornam pesadas diante de nossos desânimos ou de nossas decepções com os irmãos! Não desanime! Seja você a Igreja que você quer ver! Por fim, vale lembrar que a cura espiritual implica também crescermos na capacidade de ter empatia com a dor do outro, de sentir com os irmãos, de viver a caridade concreta proposta por Jesus, de amar mais e melhor! Uma espiritualidade sadia e madura, necessariamente, leva a amar mais e melhor! Peçamos essa graça!

5. Oração do dia

Senhor, meu Deus, quero pedir-te, hoje, a cura espiritual, a graça de sanar, equilibrar, cuidar de minha vida interior; cura meu espírito com teu Espírito Santo! Cura os pensamentos e sentimentos vãos, cura os pensamentos e sentimentos contaminados por conceitos e atitudes contrárias a minha fé! Cura meu interior de toda e qualquer frieza espiritual, que me impeçam de buscar-te com força e vigor! Cura meu interior da tentação de buscar-te apenas quando precisar de algo, esquecendo-me de que sempre preciso de ti! Peço, Senhor Deus, a cura espiritual de toda falta de fé e de amor! Sim, o amor é tudo; tu és AMOR, tu és meu TUDO, Senhor, e eu quero ser todo teu! Concede-me buscar tua Palavra e tua presença com uma decisão firme, que domine minha vontade, muitas vezes, fraca e vulnerável! Concede-me um amor sincero por ti, que me leve a buscá-lo na vida da comunidade cristã, em que o amor é vivido e aperfeiçoado, e não apenas em minha intimidade solitária contigo, em que meu egoísmo me escraviza. Concede-me crescer no amor de forma que minha vida espiritual gere os frutos que o Senhor deseja! Restaura as forças de minha alma e conduz-me às águas tranquilas e aos caminhos retos e seguros! Que eu saiba amar, mais e melhor, e que eu viva meu batismo com muita gratidão, não como um peso de compromisso, mas como o grande privilégio de tua graça! Que eu ame a Igreja como tua, independentemente dos erros de meus irmãos, e possa me aprofundar na vivência de minha fé! Muito obrigado, Senhor, por me chamares a fazer parte desta família eclesial!

– *Você sabe a data de seu batismo? Se souber, anote na contracapa de sua Bíblia para nunca mais se esquecer! Se não souber, apenas se lembre de seus padrinhos, de seus pais, de seus catequistas, daqueles que, de alguma forma, cuidaram de sua vida espiritual e agradeça! Reze, agora, com as mãos postas, como aprendemos quando crianças, e se possível, de joelhos, peça a cura de seu interior:*

1 Pai-nosso... 3 Ave-Marias... Glória ao Pai...

Jesus manso e humilde de coração, fazei o nosso coração semelhante ao vosso! E dai-nos sempre um coração jovem!

6. Oração final *(p. 25)*

7. Sinal da Cruz

9º DIA
GRATIDÃO (E ALEGRIA)

1. Sinal da Cruz

2. Oração inicial *(p. 23)*

3. Passagem bíblica para iluminar

"Cantai ao Senhor um cântico de gratidão, cantai ao nosso Deus com a harpa" (Sl 146,7).

"E Maria disse: 'Minha alma glorifica ao Senhor, meu espírito exulta de alegria em Deus, meu Salvador!'" (Lc 1,46-47).

4. Reflexão

Respire fundo! Estamos chegando ao último dia de nossa Novena pedindo por nossa cura interior! O tema de hoje pode dar a entender que não há nada mais a pedir, apenas a agradecer, mas não é bem assim! Queremos, neste dia, reconhecer o quanto precisamos aprender a agradecer. Não só agradecer aquilo que consideramos bom, mas agradecer tudo, como nos aconselha São Paulo: "Em todas as circunstâncias, dai graças, porque esta é a vosso respeito a vontade de Deus em Jesus Cristo" (1Ts 5,18). Nossa gratidão precisa ir além da boa educação, que pede que sejamos gentis e agradeçamos o bem recebido! A gratidão cristã a Deus implica confiança nele, e uma confiança tal que nos coloque em uma atitude de total abandono filial à vontade de Deus e certeza de seu cuidado conosco! "Nu saí do ventre de minha mãe, nu voltarei. O Senhor deu, o Senhor tirou: bendito seja o nome do Senhor!" (Jó 1,21). Claro que, ao chegar à conclusão de nossa novena, temos, com toda a certeza, muitos motivos para agradecer ao Senhor, nosso Deus, todas as graças e bênçãos derramadas, mas quero bendizer, especialmente, ao Senhor, por saber que, de forma pedagógica e paternal, Ele nos conduziu até aqui! Ainda haverá caminhos de cura interior a serem percorridos cada vez que você fizer esta novena e cada vez que você pedir, mas nossa gratidão não é porque a obra se completou, mas porque concluímos um propósito e uma estratégia de oração e de cura interior! Como Maria Santíssima, queremos bendizer ao Senhor que realizou em nós suas maravilhas! Santo, Santo, Santo é seu nome! Por isso, nossa oração deste nono dia será com Maria, na Palavra de Deus, por meio do "Magnificat" – Lucas 1,46-55.

5. Oração do dia

E Maria disse:

"Minha alma glorifica ao Senhor,

meu espírito exulta de alegria em Deus, meu Salvador,

Porque olhou para sua pobre serva.

Por isso desde agora me proclamarão bem-aventurada todas as gerações,

porque realizou em mim maravilhas aquele que é poderoso

e cujo nome é Santo.

Sua misericórdia se estende, de geração em geração, sobre os que o temem.

Manifestou o poder de seu braço:

desconcertou os corações dos soberbos.

Derrubou do trono os poderosos e exaltou os humildes.

Saciou de bens os indigentes e despediu de mãos vazias os ricos.

Acolheu a Israel, seu servo, lembrado de sua misericórdia,

conforme prometera a nossos pais,

em favor de Abraão e sua posteridade, para sempre".

– Respire fundo por 3 vezes e sinta a alegria de concluir um propósito de oração!

Reze, agora, com as mãos erguidas ao céu, e, se possível, de joelhos, agradecendo a cura de seu interior:

1 Pai-nosso... 3 Ave-Marias... Glória ao Pai...

Jesus manso e humilde de coração, fazei o nosso coração semelhante ao vosso! E dai-nos sempre um coração jovem!

6. Oração final *(p. 25)*

7. Sinal da Cruz

II

TERÇO "CORAÇÃO JOVEM" PARA PEDIR A CURA INTERIOR

O Santo Terço, que tradicionalmente conhecemos, serve como inspiração e base para diversas propostas de oração, surgidas ao longo da história da Igreja. Por isso encontramos Terço da Misericórdia, Terço da Cura, Terço da Providência e tantos outros. Nenhuma dessas propostas substitui o Santo Terço Mariano como Oração familiar e pessoal por excelência. Com a força e a perseverança na Oração do Santo Terço Mariano, podemos e devemos aproveitar todas as outras inspirações que possam nos ajudar nos caminhos da fé!

Com essa intenção, baseado em encontros que prego pelo Brasil e em ações pastorais em grupos que acompanho, quero lhe propor esta forma de oração, pedindo a cura integral, isto é, física, emocional e espiritual. De forma especial, a cura interior, a cura de nosso coração, nossos pensamentos e sentimentos, para que possamos melhorar nossas atitudes na vida familiar, na vida da Igreja, da qual participamos, e na vida da sociedade como um todo. O nome "CORAÇÃO JOVEM" vem do Projeto CORAÇÃO JOVEM[1], que, por meio da unidade entre a espiritualidade e a psicologia, propõe formação, atendimento e oração, com o objetivo de ajudar as pessoas em um processo de cura interior e de bem-estar integral! A partir desse projeto, nasceu também o livro UM CORAÇÃO BEM CUIDADO (Editora Santuário), que dá fundamentos aos temas de nossas propostas de Oração.

Embora essa proposta do Terço para a cura interior seja uma oração simples e relativamente rápida, peço que reze com calma, fé e amor! Preste atenção a cada palavra, viva cada momento; que seu coração se sinta profundamente amado por Deus, nosso Pai!

---

[1] **Site:** https://coracaojovem.com.br/
Facebook: facebook.com/CoracaoJovemCJ/
Instagram: @coracaojovem.oficial

ORAÇÕES INICIAIS

Sinal da Cruz
Vinde, Espírito Santo...
Creio em Deus Pai...

Oferecimento *(Oração inicial)*

Senhor Deus de amor e bondade, neste momento, coloco-me em tua presença, com a certeza de que me amas com amor eterno! Quero entregar meu coração em tuas mãos ternas e paternas, com toda a confiança de que tua vontade é sempre o melhor para mim. Que, ao iniciar este momento de oração, meu interior se abra à ação de teu Espírito Santo, que pode curar todas as áreas de minha vida, trazendo a paz e o equilíbrio que estão abalados com meus pecados e minhas dores, que me marcaram ao longo de minha história. Que a cada passo desse processo de oração, eu consiga crescer no compromisso com minha vida interior, com minha fé e meu batismo, de forma a ser no mundo sinal de tua luz, construtor de teu Reino e discípulo fiel de teu Filho Jesus, meu Senhor e Salvador. Concede, Pai amoroso, que minhas emoções, meus sentimentos, meus pensamentos e minhas atitudes sejam reorientados para o que tu queres fazer em mim! Como Maria Santíssima, peço-te: "Faça-se em mim tua vontade"! Amém.

Coloque neste momento outras intenções que estejam em seu coração... E depois reze:

– 1 Pai-nosso e 3 Ave-Marias em honra à Santíssima Trindade.

MISTÉRIOS DO TERÇO

Em cada mistério, repetiremos frases que nos levem para o caminho de cura interior. A repetição ajuda nosso coração a acreditar no que dizemos e nossa mente a acolher o que falamos. E pelo fato de não ser apenas a repetição de um pensamento, mas a expressão de uma oração, temos a graça do Espírito Santo a ungir nossos pensamentos e sentimentos para serem equilibrados, direcionados e curados pelo amor da Trindade divina: Pai, Filho e Espírito Santo!

1º MISTÉRIO:
CURA EMOCIONAL

"Enviou-os a pregar o Reino de Deus e a curar os enfermos" (Lc 9,1).

"Todo o povo procurava tocá-lo, pois saía dele uma força que os curava a todos" (Lc 6,19).

"Entendemos que a cura interior é prioritariamente a libertação do pecado, mas abrange também outros aspectos: a aceitação de nossa história de vida, especialmente de momentos traumáticos e dolorosos; o perdão de toda e qualquer mágoa que possa nos afligir; a reconciliação com pessoas do presente e do passado, e tantas outras coisas que estão em nosso interior" (livro: UM CORAÇÃO BEM CUIDADO, p. 64).

– Pedimos ao Senhor a cura de nossas emoções, o equilíbrio e a paz! Respire fundo e reze com o coração:

Nas contas do Pai-nosso: ELE TOMOU SOBRE SI NOSSAS ENFERMIDADES E CARREGOU NOSSOS SOFRIMENTOS; FOMOS CURADOS GRAÇAS ÀS SUAS CHAGAS (Is 53,4-5).

Nas contas das 10 Ave-Marias: Senhor, tu que me sondas e conheces, cura minhas emoções e orienta meus sentimentos!

Glória ao Pai...

Jesus manso e humilde de coração, fazei o nosso coração semelhante ao vosso! E dai-nos sempre um coração jovem!

2º MISTÉRIO: CURA FÍSICA

"Está alguém enfermo? Chame os sacerdotes da Igreja, e estes façam oração sobre ele, ungindo-o com óleo em nome do Senhor. A oração da fé salvará o enfermo, e o Senhor o restabelecerá. Se ele cometeu pecados, eles lhe serão perdoados" (Tg 5,14-15).

"Então numerosa multidão aproximou-se dele, trazendo consigo mudos, cegos, coxos, aleijados e muitos outros enfermos. Puseram-nos a seus pés, e ele os curou" (Mt 15,30).

"Não só Jesus cura, mas também ordena seus apóstolos a fazerem o mesmo: 'Envio-os a anunciar o reino de Deus e a curar os enfermos' (Lc 9,2); 'Pregai que o reino dos céus está próximo. Curai os enfermos' (Mt

10,7-8). Sempre encontramos as duas coisas juntas: pregar o Evangelho e curar os enfermos" (livro: UM CORAÇÃO BEM CUIDADO, p. 64).

– Pedimos ao Senhor a cura de nosso corpo, o equilíbrio físico e a paz! Respire fundo e reze com o coração:

Nas contas do Pai-nosso: ELE TOMOU SOBRE SI NOSSAS ENFERMIDADES E CARREGOU NOSSOS SOFRIMENTOS; FOMOS CURADOS GRAÇAS ÀS SUAS CHAGAS (Is 53,4-5).

Nas contas das 10 Ave-Marias: Senhor, se queres, podes curar-me! Tem piedade de mim e sara-me!

Glória ao Pai...

Jesus manso e humilde de coração, fazei o nosso coração semelhante ao vosso! E dai-nos sempre um coração jovem!

3º MISTÉRIO: CURA ESPIRITUAL E PERDÃO

"Mas agora, libertados do pecado e feitos servos de Deus, tendes por fruto a santidade; e o termo é a vida eterna. Porque o salário do pecado é a morte, enquanto o dom de Deus é a vida eterna em Cristo Jesus, nosso Senhor" (Rm 6,22-23).

"E, quando vos puserdes de pé para orar, perdoai, se tiverdes algum ressentimento contra alguém, para que também vosso Pai, que está nos céus, perdoe-vos vossos pecados. Mas, se não perdoardes, tampouco vosso Pai, que está nos céus, perdoar-vos-á vossos pecados" (Mc 11,25-26).

"Achegai-vos a ele, pedra viva que os homens rejeitaram, mas escolhida e preciosa aos olhos de Deus; e quais outras pedras vivas, vós também vos tornais os materiais deste edifício espiritual, um sacerdócio santo, para oferecer vítimas espirituais, agradáveis a Deus, por Jesus Cristo" (1Pd 2,4-5).

"Dentre as diversas possibilidades para nosso crescimento espiritual, está a capacidade de reconhecer nossos erros e confessar nossa culpa. Isso se manifesta das mais diversas formas e nas mais variadas maneiras de viver a espiritualidade e a busca de ser uma pessoa melhor! Assumir um erro, corrigir o que é possível, pedir perdão são caminhos possíveis e necessários para se viver bem!" (livro: UM CORAÇÃO BEM CUIDADO, p. 141).

"Posso dizer com convicção que aquele que se aproxima do Sacramento da Confissão, com o coração aberto, encontra paz e tranquilidade, força e saúde espiritual em outro coração sempre aberto: o Coração Sagrado e Chagado de Jesus" (livro: UM CORAÇÃO BEM CUIDADO, p. 142).

– Pedimos ao Senhor a cura de nosso espírito: a vitória sobre o pecado, a capacidade de perdoar e a paz! Respire fundo e reze com o coração:

Nas contas do Pai-nosso: ELE TOMOU SOBRE SI NOSSAS ENFERMIDADES E CARREGOU NOSSOS SOFRIMENTOS; FOMOS CURADOS GRAÇAS ÀS SUAS CHAGAS (Is 53,4-5).

Nas contas das 10 Ave-Marias: Senhor, perdoa nossas ofensas, assim como nós perdoamos a quem nos tem ofendido! E dai-nos vida pelo Espírito Santo!

Glória ao Pai...

Jesus manso e humilde de coração, fazei o nosso coração semelhante ao vosso! E dai-nos sempre um coração jovem!

4º MISTÉRIO: LIBERTAÇÃO DO MAL

"Finalmente, irmãos, fortalecei-vos no Senhor, por seu soberano poder. Revesti-vos da armadura de Deus, para que possais resistir às ciladas do demônio. Pois não é contra homens de carne e sangue que temos de lutar, mas contra os principados e potestades, contra os príncipes deste mundo tenebroso, contra as forças espirituais do mal espalhadas nos ares. Tomai, portanto, a armadura de Deus, para que possais resistir nos dias maus e manter-vos inabaláveis no cumprimento de vosso dever. Ficai alerta, à cintura, cingidos com a verdade, o corpo vestido com a couraça da justiça e os pés calçados de prontidão para anunciar o Evangelho da paz. Sobretudo, embraçai o escudo da fé, com que possais apagar todos os dardos inflamados do Maligno. Tomai, enfim, o capacete da salvação e a espada do Espírito, isto é, a Palavra de Deus. Intensificai vossas invocações e súplicas. Orai em toda circunstância, pelo Espírito, no qual perseverai em intensa vigília de súplica por todos os cristãos" (Ef 6,10-18).

"Assim como no mundo virtual, os "invasores" tentam espalhar seus vírus por e-mails e sites chamativos (assim é o demônio, que se apresenta como anjo de luz, mas, na verdade, rodeia como leão a rugir, procurando a quem devorar...), também o inimigo de Deus tenta nos seduzir com mensagens atrativas e traiçoeiras que mexem com nossas fragilidades e inclinações ao poder, ao ter e ao prazer, como fez com Jesus!"

(Padre Reginaldo Carreira – trecho de artigo publicado na Revista Família Cristã, setembro de 2012).

– Pedimos ao Senhor a libertação de todo o mal e a paz! Respire fundo e reze com o coração:

Nas contas do Pai-Nosso: ELE TOMOU SOBRE SI NOSSAS ENFERMIDADES E CARREGOU NOSSOS SOFRIMENTOS; FOMOS CURADOS GRAÇAS ÀS SUAS CHAGAS (Is 53,4-5).

Nas contas das 10 Ave-Marias: Senhor, coloca em mim tua armadura e reveste-me com o escudo da fé! Livrai-me do mal. Amém!

Glória ao Pai...

Jesus manso e humilde de coração, fazei o nosso coração semelhante ao vosso! E dai-nos sempre um coração jovem!

5º MISTÉRIO: PAZ INTEGRAL

"Não vos inquieteis com nada! Em todas as circunstâncias, apresentai a Deus vossas preocupações, mediante a oração, as súplicas e a ação de graças. E a paz de Deus, que excede toda a inteligência, haverá de guardar vossos corações e vossos pensamentos, em Cristo Jesus" (Fl 4,6-7).

"Deixo-vos a paz, dou-vos a minha paz. Não vo-la dou como o mundo a dá. Não se perturbe o vosso coração, nem se atemorize! (Jo 14,27).

"A paz que realmente precisamos e procuramos não é apenas 'sossego' (já ensina um ditado que Deus dá a paz, mas sossego jamais!), tampouco uma profunda tranquilidade espiritual. Já disse aqui uma vez que a paz não é ausência de guerras, problemas ou discórdias; a paz não se define em uma ausência, mas em uma forte presença: a presença de Deus. São Paulo nos diz que Cristo é nossa paz! Mas logo após afirma que ele destruiu o muro que dividia dois povos, os judeus e os pagãos (Ef 2,14), e, na verdade, isso não significa apenas (o que já seria muito!) restaurar a aliança entre Deus e o homem, mas restaurar a unidade entre os homens: a vontade do Pai é que todos sejam um para que o mundo creia! (Jo 17,22-23)'.

(Padre Reginaldo Carreira – trecho de artigo publicado na Revista Família Cristã, fevereiro de 2009).

– Pedimos ao Senhor a paz em todas as áreas de nossa vida! Respire fundo e reze com o coração:

Nas contas do Pai-nosso: ELE TOMOU SOBRE SI NOSSAS ENFERMIDADES E CARREGOU NOSSOS SOFRIMENTOS; FOMOS CURADOS GRAÇAS ÀS SUAS CHAGAS (Is 53,4-5).

Nas contas das 10 Ave-Marias: Senhor, que eu seja a paz que eu desejo receber! Fazei-me instrumento de vossa paz!

Glória ao Pai...

Jesus manso e humilde de coração, fazei o nosso coração semelhante ao vosso! E dai-nos sempre um coração jovem!

ORAÇÃO FINAL

Senhor Deus de amor e bondade, neste momento, entrego em tuas mãos os sentimentos e pensamentos que ficaram em meu coração após este passo dado em oração. Todas as lembranças, positivas e negativas, todos os sentimentos, mesmo os que ainda não entendo, coloco em tuas mãos seguras, ternas e paternas! De maneira muito especial, coloco-me em atitude de adoração e gratidão por tudo o que o Senhor realizou em mim neste instante! Ensina-me a amar de forma mais profunda e santa, para ser um melhor adorador! Ensina-me a adorar de forma mais profunda e santa para ser mais capaz de amar, como Jesus, teu Filho, ensinou! Quero amar para adorar e adorar para amar! Bendito sejas, Senhor, meu rochedo e meu amor!

Salve, Rainha...

ORAÇÃO A NOSSA SENHORA: MARIA, NOSSA MÃE

Esta oração é a letra de uma canção que eu, padre Reginaldo Carreira, compus em um momento de oração na cidade de Botelhos, MG, por volta de 2004. Que Maria, nossa mãe, ajude-nos a seguir firmemente na vontade de Deus, que é o melhor para nós! E que em seu colo, terno e materno, sejamos sempre fortalecidos e curados!

Maria, nossa mãe
Intercessora, roga por nós.
Maria, doce mãe,
Intercessora, roga por nós.
Teu manto santo me cobre.
Teu manto santo me protege.

Com teu carinho, vem, me acolhe,
Roga por mim e olha por nós.
Tua paz, ó mãe, me ensina
Como estar aos pés da cruz.
Teu sorriso ilumina,
Me conduz a Jesus.
Quero ser fiel, ó Senhora,
Ao teu filho servirei,
Seguirei teu bom conselho,
O que Jesus pedir eu farei.

Sinal da Cruz

CONCLUSÃO

Se você fez este caminho proposto de oração por cura interior e chegou a estas linhas agora, é porque sabe o valor da fé bem vivida, da espiritualidade bem cuidada e das emoções, dos sentimentos e pensamentos bem trabalhados, equilibrados e curados! Na verdade, Jesus veio para salvar o homem todo, por inteiro, e para nos dar vida em plenitude.

A vida em comunidade na família eclesial, que é a Igreja, a busca de conhecimento sobre os assuntos de nossa Igreja e de nossa fé cristã, a abertura ao aprendizado com as ciências humanas e com a partilha de vida com os irmãos nos dão sempre novos caminhos e oportunidades de crescimento pessoal em todas as áreas da vida! E, se Jesus quer nos dar vida em plenitude, façamos nossa parte e aproveitemos todas as oportunidades que Ele nos dá, para que esta vida se manifeste em nós!

Falando sobre Santa Maria Madalena, São Gregório Magno dizia: "Ela começou a procurar e não encontrou nada; continuou a procurar e conseguiu encontrar. *Os desejos foram aumentando com a espera* e fizeram com que chegasse a encontrar, pois *os desejos santos crescem com a demora; mas se diminuem com o adiamento, não são desejos autênticos*". Eu espero que seu desejo de crescimento, de cura interior e paz seja autêntico, e profundo, e não pare aqui! Siga decididamente, confiantemente e persistentemente rumo à meta da felicidade, que é a santidade! Ser santo é ser sanado, curado, bem-aventurado, feliz! É o que Deus quer para nós, quando nos chama a sermos santos! Ser santo é ser todo de Deus! E a felicidade consiste em fazer coincidir nossa vontade com a vontade de Deus!

Deus abençoe você!